Mark Sarg

Der Papst als Knallfrosch

AF549396

Mark Sarg

Der Papst als Knallfrosch

Bizarre Kurzgeschichten

Goldene Rakete Verlag für Belletristik

Imprint

Any brand names and product names mentioned in this book are subject to trademark, brand or patent protection and are trademarks or registered trademarks of their respective holders. The use of brand names, product names, common names, trade names, product descriptions etc. even without a particular marking in this work is in no way to be construed to mean that such names may be regarded as unrestricted in respect of trademark and brand protection legislation and could thus be used by anyone.

Cover image: www.ingimage.com

Publisher:
Goldene Rakete Verlag für Belletristik
is a trademark of
International Book Market Service Ltd., member of OmniScriptum Publishing Group
17 Meldrum Street, Beau Bassin 71504, Mauritius

Printed at: see last page
ISBN: 978-620-2-44462-0

Copyright © Mark Sarg
Copyright © 2018 International Book Market Service Ltd., member of OmniScriptum Publishing Group
All rights reserved. Beau Bassin 2018

INHALTSVERZEICHNIS:

DAS KOKETTE GRINSEN

Sir Galveston Knollrüssel stieg in der Straßenbahn Lady Cameron Strumpfgans auf die Zehen und grinste kokett dazu. Worauf sie ihn in eine heikle Stelle trat und noch koketter grinste.

Dies war der Beginn einer überaus intensiven Beziehung, die bald darauf in einer Ehe gipfelte – die man nie mehr zu scheiden brauchte.

Denn lange ***vor*** einem solchen kritischen Punkte hatten die beiden sich bereits auf „natürliche“ Weise gegenseitig zerfleischt.

DIE ERFÜLLUNG (1)

Während des Nachtmahls bemerkte Lord Tizian Safransack gerade noch rechtzeitig, dass der riesige Kronleuchter sich unmittelbar vor dem Herabfallen befand. In rasender Erregung schob er alles beiseite und stellte sich direkt darunter.

Endlich konnte sich der alte Fluch erfüllen! – Und wie von einer ungeheuren Last befreit, sank er unter derselben voll Wonne zu Boden.

DIE ERFÜLLUNG (2)

Ein Geschöpf enthüpfte aus dem Vatikan
und heiratete einen Pavian.

Sie leben jetzt beide in freier Natur
und genießen das Leben ganz ungeniert pur!

DER PAPST ALS SCHLANGENFRASS

„Oh was für ein Schlangenfraß!“, mokierte sich Luzifer höchst theatralisch, als man ihm den gegrillten Papst Erbshirn den Großen auf einem Silbertablett servierte.

Aber gottlob weiß man ja, welch **Heuchler** der Teufel doch nur ist …

„VERDÄCHTIGEN SIE MICH!“

Seit langem verspürte Signor Attila Hummelknecht den brennenden Wunsch, auf irgendeine Weise **verdächtig** zu erscheinen – weil er sich selbst für so absolut uninteressant und bedeutungslos hielt. In Ermangelung anderer Bezugspersonen bat er schließlich im Beichtstuhl den strengen Kaplan Lavendel Brotvater, ihn zu verdächtigen.

Dem fiel natürlich gleich eine ganze Reihe von Delikten ein, die er dem armen Sünder genüsslich an den Kopf schleudern konnte. Und er verordnete ihm obendrein eine saftige Buße und warf ihn wegen der „Schwere“ der Vergehen ohne tröstenden Segen hinaus.

Doch anstatt sich endlich darüber zu freuen, war er nun erst recht unglücklich und verzweifelt. Sodass er sich bald selber der **Tollheit** verdächtigte – und zum krönenden Beweise hierfür erhängte.

„VERDÄCHTIGEN SIE MICH NICHT!“

„Verdächtigen Sie mich nicht, denn ich habe nicht das Geringste getan!“

Genau **dieses** aber hielt Lady Holly Lord Braxley Schlüpfmaus am Morgen nach der Hochzeit eben vor – und ließ sich tief enttäuscht gleich wieder scheiden.

„VERDÄCHTIGEN SIE SICH!“ ODER DER STREIT DER PROFESSOREN

„Verdächtigen Sie sich meinetwegen weiter selbst – aber lassen Sie **mich** gefälligst mit Ihren kruden und infamen Thesen ungeschoren!“ Zutiefst verletzt in seiner Standesehre untersagte Prof. Arzneiowitsch Hupftee dem ehrgeizigen Kollegen Giacometti Zischbart kategorisch die Veröffentlichung umfassender Forschungsergebnisse, die dessen Ansicht nach zweifelsfrei belegten, dass der Mensch nicht etwa, wie ohnehin längst widerlegt, vom Affen abstamme – sondern von einem schier unbeschreiblichen **Monster** aus grauester Vorzeit.

Da Prof. Zischbart jedoch unbeirrt an der geplanten Pressekonferenz festhielt, schlug ihm Prof. Hupftee „zur Rettung des Ansehens der Wissenschaften“ mit einer Axt den Schädel ein, zerstückelte ihn und fraß ihn komplett zum Nachtmahl auf – damit sich nur ja niemand mit seinen abstrusen und kranken Ideen infiziere.

Denn er selbst war natürlich als besonders hochwertiges Exemplar immun dagegen.

„VERDÄCHTIGEN SIE SICH NICHT!“

„Verdächtigen Sie sich doch nicht ständig, in der **Hölle** zu sein, bloß weil Sie auf Erden weilen!“ Zähneknirschend und immer wieder aufbegehrend versuchte der sensitive Monsieur Laurent Dackelkopf sein Leben lang, der Beschwörung seines Mentors, Prälat Fortissimo Schupfteufel, gerecht zu werden.

Nachher jedoch erfuhr er: Der Verdacht war in der Tat durch und durch **begründet**!

DER PAPST AUF DEM MOND

Dies wird wohl noch eine geraume Weile frommes Wunschdenken all jener bleiben, die Seiner Heiligkeit nicht unbedingt sehr nahestehen …

DER PAPST ALS KNALLFROSCH

In einem Laden für Scherzartikel entdeckte die resolute Marchesa Valesca Mordblut den omnipräsenten Papst Springhut den Eifrigen sogar in einer Version als Knallfrosch – worauf sie ihn voller Vorfreude gleich für Silvester mitnahm.

Als sie ihn dann stolz ihren mondänen Gästen präsentierte, funktionierte er jedoch nicht mehr. „Nicht mal ***dazu*** ist er nutze!!“, schäumte sie, warf alle wieder aus dem Haus – und trat unverzüglich aus der Kirche aus.

DIE RASCHE BEKEHRUNG

Kardinal Giorgio Rotzlmayer hatte Mühe einzuschlafen und entschloss sich daher, noch rasch jemanden zu bekehren.

Er eilte in den nächsten Park und legte sich in den Büschen auf die Lauer – bis dort schon bald ein nächtlicher Flaneur sich Erleichterung verschaffte. Hierbei **entmannte** er den Unwürdigen nun mit einem gekonnten Bisse – damit dieser, endlich befreit von niederen Trieben, sein Streben Höherem zuwandte.

Zutiefst befriedigt begab er sich hernach erneut zu Bette – in der seligen Gewissheit, wiederum einen bescheidenen Beitrag zum Wohle der Menschheit erbracht zu haben.

„MEIN BRUDER, DAS LUDER!“

„Mein Bruder, das Luder!“, brummte die Hofrätin Melanie Papststolz stets voller Groll, wenn sie an diesen dachte, denn sie konnte ihm einfach nicht vergeben, dass er sie alleine zurückgelassen hatte, als er vor Jahren von hinnen ging.

„Meine Schwester, die Xanthippe!“, konterte Oberstudienrat Fridolin Blauholz nicht minder griesgrämig, sooft er sie drüben vernahm, denn er bereute seinen Abschied keine Sekunde lang.

Die denkbar besten Voraussetzungen also für die beiden, im nächsten Erdendasein als altes Ehepaar zu enden – was dann aber weit weniger glimpflich ablief …

DER PAPST ALS BAUCHTÄNZER

Wo gibt es denn ***Derartiges*** zu erleben?

Leider ausschließlich im Geheimvarieté des Vatikans. Und nur für geladene Teufel.

„ZERBRÖSELN SIE SICH!“

„Zerbröseln Sie sich, Sie Arsch!“, fuhr die Feldmarschallin Lotthilde Grünspan Hofrat Ernesto Leichtblum an, als er ihr an der Kasse im Supermarkt im Wege stand.

Von Kind an dazu erzogen, jedem militärischen Befehle strikt und ohne Widerrede zu gehorchen, eilte er unverzüglich heim – und zerbröselte sich vollständig.

Nun hatte er seiner Opponentin freilich eines voraus: **Er** war jetzt ***kein*** „Arsch“ mehr …

„ZERBRÖSELN SIE SICH NICHT!“

„Zerbröseln Sie sich nicht!“, mahnte Signor Belfore Döselkopf seine Gattin Schwanzhilde – die vor lauter Lachen fast im Begriffe war, genau dieses zu tun.

Hatte er ihr doch eben angekündigt, sich künftig ihren häuslichen Anordnungen zu widersetzen und sich notfalls scheiden zu lassen.

Dazu hätte er allerdings – zumindest für den Postweg – ihr entlegenes Haus verlassen oder telefonieren müssen. Und beides war ihm streng untersagt – und ohne ihre Hilfe auch gar nicht möglich …

„ZERBRÖSELN SIE MICH!“

„Zerbröseln Sie mich!“, lud Sir Matthew Leuchtblut die unnahbare Lady Glorinda Hüpfhut auf der Straße ein.

Sie hatte zwar keine Ahnung, was er meinte. Da sie aber in Eile war und er ihr den Weg versperrte, gab sie ihm eine saftige Ohrfeige stattdessen.

Auch damit war er hochzufrieden.

„ZERBRÖSELN SIE MICH NICHT!“

„Zerbröseln Sie mich nicht!“, verbat sich etwas zaghaft der pensionierte Amtsrat Peppino Grauschlatz, als die Studienrätin Agatha Rüpelsack beim genüsslichen Korrigieren einer Hausaufgabe auf der Parkbank neben ihm allzu achtlos eine Blätterteigbrezel verzehrte – was tausend Brösel auf seinem Anzug zur Folge hatte.

„‘***Ver***bröseln Sie mich nicht’ müsste es heißen, Sie Ignorant! Lernen Sie **Deutsch** gefälligst!“ Und anstelle einer Fünf stülpte sie ihm die Tüte mit den restlichen Krumen über den Kopf und rauschte empört davon.

EINE DAME AUS GENF

Eine Dame aus Genf
fiel in ein Fass Senf.

Ein Herr aus Paris
glitt in einen Sack Gries.

Und hätten beide einander gekannt –
prompt wäre **Eifersucht** entbrannt!

DIE FEE IM LEICHENSCHAUHAUS

In der Absicht, einige „Auserwählte“ wieder zum Leben zu erwecken, besuchte eine gute Fee ein Leichenschauhaus.

Doch stieß sie dabei auf gröbstes Unverständnis und helle Empörung: Unter unflätigen Beschimpfungen warfen einige Betroffene sogar mit den Sargdeckeln nach ihr und riefen ihr zu, sie möge sich zum **Teufel** scheren!

Die Fee zog es natürlich vor, in den Himmel heimzukehren – beschloss aber, sich künftig aus den Prozessen von Leben und Tod lieber herauszuhalten …

DER PAPST ALS KLODECKEL

Da die Klodeckel im Vatikan auf Grund ihrer „Unheiligkeit par excellence" kaum je gereinigt oder instandgehalten und daher immer noch desolater und unheiliger wurden, nahm sich der genervte Papst Rizzinius der Rutschige wild entschlossen vor, in seinem nächsten Leben ein wirklich **mustergültiges** Exemplar dieser Gattung zu repräsentieren – an dem sich alle anderen zu orientieren hätten!

Sollte ihm dieses erhabene Unterfangen tatsächlich geglückt sein, wäre er in jener Existenz ganz gewiss von erheblich **größerem** Nutzen für die Allgemeinheit gewesen als zuvor …

DER PAPST ALS HUNDEBABY

Einmal so richtig liebkost und gedrückt werden – ganz ohne Schuld und Tadel! Was würde sich dafür besser eignen als ein Neubeginn als Hundebaby, nahm sich Papst Hüftspeck der Galante fest entschlossen vor.

Aber allzu rasch wurde dann eben doch wieder ein ausgewachsener ***Straßenköter*** aus ihm, den sich kaum einer mehr zu streicheln traute …

DAS DELIKATE GESCHÖPF

Ein delikates Geschöpf bot sich während einer langen Bahnfahrt den hungrigen Mitreisenden seines Abteils selber zum Verzehr. Sie fragten es nach seinem Preis, und da dieser durchaus angemessen schien, steckten sie ihm die gewünschte Summe gleich bar zu, und verschlangen es dann gierig mitsamt der „Schale".

„Hätten wir ihm nicht vielleicht wenigstens das Geld vorher wieder abnehmen sollen?", beunruhigte sich einer der Schlemmer in Anbetracht eines flauen Gefühls im Magen. „Das wäre glatter Betrug gewesen!", versicherten ihm die anderen im Brustton der Überzeugung.

DAS BESTELLTE GESCHÖPF

Ein bestelltes Geschöpf wurde nicht abgeholt,
und ist darüber aus lauter Gram verkohlt.

Dies führt einem höchst drastisch vor Augen:
Getroffene Vereinbarungen sollten auch **taugen!**

PEKING IM ABENDKLEID

Peking **einmal** wenigstens, im ***Abendkleide*** zu erleben! Davon träumte Monsieur Achille de Grünschwanz unerklärlicherweise sein Leben lang – bis er das nötige Geld endlich beisammenhatte und der Erfüllung seines Herzenswunsches nichts mehr im Wege stand.

Er erwarb eine wundervolle Robe bei Dior und flog Erster Klasse an das Ziel seiner Begierden.

Und seine bange Erwartung ward nicht enttäuscht: Er wurde augenblicklich verhaftet!

DAS FAMOSE GESCHÖPF

Ein Geschöpf war so famos, dass es sich kurz vor seinem Hinscheiden noch rasch selbst heiratete.

Damit es drüben nicht so allein ankäme.

DIE VORZEIGEFAMILIE

Die Schnauzelburgers galten als **die** Vorzeigefamilie par excellence, und aus dem ganzen Lande pilgerte man herbei, um sich an ihnen zu schulen und zu orientieren.

Stets saßen sie ruhig und brav vor dem Fernseher, der obendrein ausgeschaltet war, nie fiel auch nur **ein** unangebrachtes Wort, Beflegelungen waren ihnen **völlig** fremd – und selbst auf die sonst in Familien unterschiedlichster Couleur so beliebten Exzesse bei der Nahrungszufuhr wartete man bei ihnen vergeblich. Lediglich ihr Äußeres schien ein wenig „heruntergewirtschaftet“; doch befand man sich ja immer noch auf Erden und konnte daher keinerlei Vollkommenheit voraussetzen.

Nun sei auch nicht länger ihr Erfolgsgeheimnis verschwiegen: Sie waren alle seit Jahren tot.

DER NETTE TEUFEL

„Was für ein netter Teufel!“, schwärmten stets entzückt alle Auserwählten, die zu seinen Audienzen vorgelassen wurden.

Und nett war er ja auch wirklich. Nur handelte es sich leider um den – Papst.

DIE VERNUNFTEHE

Oberst Zwickbert Trauerbart und Comtesse Melinda Büffelkuss schlossen eine reine Vernunftehe.

Sie gelobten feierlich, sich beim erstbesten Anlasse wieder scheiden zu lassen.

DER PAPST ALS GRÜNSCHNABEL

Bereits als kleiner Junge lief Rüpelsack der Erlauchte leidenschaftlich gerne als Teufel verkleidet umher – weswegen ihn seine erzkatholische Mutter, Contessa Rigidia Schlammgack, mit der gleichen Leidenschaft immer aufs Neue im Namen des Herrn verdrosch.

Die allerbesten Voraussetzungen also für eine wahrhaft glanzvolle Karriere als Papst …

DAS ENDE DER HEILIGEN FAMILIE

Eine Familie war so heilig, dass sie sich mehr und mehr fragte, wie sie es überhaupt ***aus***hielt auf dieser unheiligen Welt.

Ihre Antwort mündete schließlich im gemeinschaftlichen Freitod – durch wechselseitiges Ersäufen im Weihwasserreservoir des Vatikans.

DAS UNANGEBRACHTE GRINSEN (1)

„Ihr Grinsen scheint mir wahrhaftig unangebracht!“, rügte Chefarzt Dr. Eliazar Zwergrüssel seinen Patienten Oberst Romulus Rebenstock. „Sie laborieren an einer Reihe schwerster, unheilbarer Leiden und sind obendrein noch hoch verschuldet!“

Worauf der Getadelte das Grinsen massiv verstärkte – bis er unter schallendem Gelächter zusammensackte und den Geist aufgab.

Jetzt hatte der Doktor natürlich verstanden. Als er aber an sein offenes Honorar dachte, ertappte er sich mit dem allergrößten Befremden selber bei einem – nun **wirklich** unangebrachten – Grinsen.

DAS UNANGEBRACHTE GRINSEN (2)

„Und auch Ihr Grinsen ist absolut unangebracht!“, versicherte Generaldirektor Adolomäus Rabenbraut seiner Putzfrau Jelena Papstmaus, die er eben wegen ungebührlichen Betragens in den Ruhestand entsandt hatte.

Da biss sie ihn noch rasch in den Allerwertesten, ehe sie verschwand.

Und nun war ***sein*** Grinsen ganz entschieden unangebracht.

DIE MORDDROHUNG

Maître Laurent Streitkrapf erhielt eine Morddrohung, nahm sie nicht ernst – und wurde prompt umgebracht.

Im Verlaufe seines nächsten Lebens erhielt er abermals eine Morddrohung. Diesmal jedoch nahm er sie **sehr** ernst – und richtete sich lieber gleich selbst.

Ob auch seine darauffolgende Existenz von einer Morddrohung überschattet war, konnte leider nicht mehr ermittelt werden.

DER VERFRÜHTE

Der von der gesamten Sippschaft sehnlichst erwartete Russell Huflattich junior kam verfrüht zur Welt, sodass gerade niemand zum Empfang bereitstand – denn die Mama, Lady Mallory, hatte vor lauter Freude den Geist aufgegeben.

„Auch gut“, dachte er, „dann verabschiede ich mich am besten gleich wieder!“

Und er kehrte niemals mehr zurück – und bedauert dies bis heute nicht.

DAS ZERRUPFTE GESCHÖPF

Ein zerrupftes Geschöpf gab sich als Vertreter Gottes aus – und jedermann glaubte ihm.

Nur weil es Papst war.

REIZENDE LEUTCHEN

„Reizende Leutchen!“, urteilten anerkennend zwei Besucher eines fremden Sterns, als sie auf einer irdischen Erkundungsreise ein Ehepaar beobachteten, das sich gegenseitig die Köpfe ausriss.

„Unsereiner muss solche Hilfestellung erst noch lernen!“

„MEIN MANN, DER BANDWURM“

Eine Doppelrückführung in die vorangehenden Leben des Ehepaares Ludovico und Dolores Halbmond durch das angesehene Medium Natascha Schmerzbauch bestätigte der Gemahlin einen schier unglaublichen, wenn auch latenten Verdacht: Als überaus renitenter **Bandwurm** hatte ihr Mann ihr einst die letzten Jahre zur Hölle gemacht!

Nun wusste sie endlich, warum er ihr von Anbeginn schon so zuwider gewesen war.

Und weshalb sie ihn dann überhaupt erst heiratete? Weil er sie als ausgewiesene Tierfreundin schlicht und einfach **erbarmt** hatte!

DAS STOLZE MONSTER

Ein Monster war dermaßen stolz auf seine Ungeheuerlichkeit, dass es ***nie*** mehr, auch nur im Traume, etwas **anderes** zu werden gedachte.

Doch als dann sein unausweichliches Ende gekommen war, belehrte man es, dass ihm in seiner nächsten Existenz nicht nochmals dasselbe gestattet sei.

Da tröstete es sich sehr rasch und wurde Papst.

DER GRABSCHÜRFER

Einem ebenso seltsamen wie mühsamen Pläsier war Baron Meerbauch von Strumpfhirn verfallen. Voller Spannung und Genuss schürfte er nachts auf Friedhöfen so lange in den Gräbern, bis er zu den Särgen vorstieß. Immer in der Erwartung, einmal irgendetwas Außergewöhnliches oder Geheimnisvolles darin aufzuspüren. Das einzige, was er indes stets vorfand, waren – Verblichene, in mehr oder weniger delikatem Zustand.

Eines Tages wurde er aber dann doch noch „belohnt". In einem ansonsten leeren Sarg lag die Nachricht: „Hier **bin** ich nicht, Liebling. Suche mich anderswo!"

Seither **schaufelt** er wie von Sinnen sämtliche Gräber des Landes frei. Und weiß dabei bis heute nicht, **wonach** er eigentlich sucht …

ZWEI DAMEN OHNE NAMEN

Zwei Damen ohne Namen
ließen ihr Bildnis kostbar rahmen.

Doch da die beiden niemand kannte,
nach ihrem Tod man alles verbrannte.

Hieraus lässt unschwer sich ersehen:
Man soll nicht namenlos durchs Leben gehen!

DER CHARMANTE MORD

Ein Mord war so charmant, dass sich jedermann mit dem allergrößten Vergnügen von ihm umbringen ließ.

Nur seine Tante nicht. Die enterbte ihn zuvor.

DAS VERRUCHTE GESCHÖPF

Ein Geschöpf war so verrucht, dass es immer dann in Massen anzutreffen war, wenn man es gerade am allerwenigsten brauchte. Mit anderen Worten – ständig und überall.

Typisch Mensch eben.

yes
I want morebooks!

Buy your books fast and straightforward online - at one of the world's fastest growing online book stores! Environmentally sound due to Print-on-Demand technologies.

Buy your books online at

www.get-morebooks.com

Kaufen Sie Ihre Bücher schnell und unkompliziert online – auf einer der am schnellsten wachsenden Buchhandelsplattformen weltweit!
Dank Print-On-Demand umwelt- und ressourcenschonend produziert.

Bücher schneller online kaufen

www.morebooks.de

SIA OmniScriptum Publishing
Brivibas gatve 1 97
LV-103 9 Riga, Latvia
Telefax: +371 68620455

info@omniscriptum.com
www.omniscriptum.com

Printed by Books on Demand GmbH, Norderstedt / Germany